Fondamenti di DataBase Rela
Luciano Manell

Note sull'autore

Luciano Manelli è nato nel 1975 a Taranto. Si è laureato in Ingegneria Elettronica al Politecnico di Bari ed ha prestato servizio quale Ufficiale presso la Marina Militare. Ha conseguito il Dottorato di Ricerca in Informatica presso il Dipartimento di Informatica dell'Università degli Studi di Bari Aldo Moro, approfondendo lo studio sul Grid Computing e sui Metodi Formali e redigendo articoli scientifici internazionali. Docente accreditato del CNI - Consiglio Nazionale degli Ingegneri, è stato docente presso il Politecnico di Bari - Dipartimento di Ingegneria Gestionale per il corso di Fondamenti di Informatica e presso l'Università degli Studi di Bari Aldo Moro - Dipartimento di Economia per il corso di Informatica ed è tuttora docente al Dipartimento di Informatica per il corso di Programmazione per il Web. Professionista certificato, consigliere AICA - Sezione Territoriale Puglia, membro della commissione ICT - Settore Informazione - Ordine degli Ingegneri di Taranto e autore di testi universitari e tecnici, dopo aver lavorato 13 anni per InfoCamere S.C.p.A., dal 2014 è impiegato presso l'Autorità Portuale di Taranto.

Contatti dell'autore:

fondamentiinformaticamoderna@gmail.com

it.linkedin.com/in/lucianomanelli

Prefazione

Il presente testo è estrapolato dal libro universitario dell'autore. Il libro nasce da una quindicennale esperienza lavorativa sui sistemi informativi e da esperienze di docenza in corsi universitari e professionali e pertanto si rivolge principalmente al pubblico degli studenti, ma anche a quello dei professionisti quale punto di partenza per chi si addentra nell'ambito dell'informatica e dei sistemi informativi per la prima volta. Con questa ed altre versioni ridotte, pubblicate per gli utenti di Kindle, l'autore si propone di approfondire ambiti specifici, che risultino di supporto alla preparazione di esami universitari o di certificazioni, ovvero di introduzione a particolari aspetti dell'informatica e dei sistemi informativi.

La seguente dissertazione introduce la progettazione concettuale, fisica e logica di un database relazionale in maniera concisa ed esaustiva, passando poi alla progettazione di un DB di riferimento con la relativa implementazione in MySQL.

L'installazione del DBMS è seguita passo-passo dallo scarico del pacchetto software alla relativa configurazione su ambiente locale. L'implementazione è anche curata con dettaglio dalla creazione dello schema alla creazione delle tabelle e delle chiavi esterne. Il tutto è corredato con dovizia di immagini ed indicazioni tali che il lettore possa con semplicità riprodurre i passaggi esposti.

Ringrazio tutti coloro che mi hanno inviato feedback.

In questo aggiornamento sono stati inseriti degli esempi teorici di query e applicati su Workbench oltre che l'installazione di MySQL 5.7.

Ho sempre pensato e sostenuto che i sogni debbano essere conquistati e spero che la lettura e lo studio del presente testo vada oltre al suo scopo strettamente didattico aprendo prospettive su una realtà in continua evoluzione.

Luciano Manelli, "Fondamenti di Informatica Moderna", ARACNE, 2014.

Indice

1. Introduzione

La gestione integrata dei dati rappresenta uno dei requisiti fondamentali per la realizzazione di un Sistema Informativo e, in particolare, per il corretto funzionamento di tutte quelle applicazioni di supporto ai processi decisionali. Oggi si può affermare che le informazioni sono diventate talmente importanti che vengono affiancate ai tradizionali fattori produttivi. Nell'ambito dell'informatica aziendale, i dati sono considerati come quei simboli che descrivono e rappresentano gli oggetti reali e possono essere classificati in base al loro impiego nell'ambito aziendale: dati principali (es. nome ed indirizzo del fornitore), dati modificabili (es. età e residenza di un cliente), dati di archivio , dati di inventario (es. dati relativi alle scorte in magazzino), dati variabili (es. variazione dei livelli di scorta in magazzino), dati di trasferimento e dati provvisori. Inoltre, l'organizzazione dei dati viene definita come la strutturazione sistematica e logica dei dati e delle loro relazioni (organizzazione logica dei dati) e la memorizzazione fisica di determinate strutture di dati su supporti di memoria di massa (organizzazione fisica dei dati).

Le aziende hanno l'obbligo di accedere costantemente ad informazioni corrette ed aggiornate sulle proprie attività produttive e gestionali, interne ed esterne, conseguentemente hanno la necessità di lavorare su un sistema di archiviazione di dati e di informazioni che possa soddisfare le richieste più stringenti di automatizzazione e le condizioni basilari di integrità dei dati (per garantire che le operazioni effettuate sul database da utenti autorizzati siano effettuate correttamente e non provochino una perdita consistente di dati), di non ridondanza (per evitare ripetizioni inutili e non aggiornate dei dati che provocherebbe perdita di consistenza sui dati), di sicurezza (per impedire che il database venga danneggiato da interventi accidentali o non autorizzati), di accessibilità e di disponibilità: questo viene ottenuto attraverso l'uso dei database e dei sistemi di gestione degli stessi ovvero i DBMS (Data Base Management System), che permettono di trattare grandi quantità di dati con tempestività, affidabilità e sicurezza. Un database (DB o base di dati) è una raccolta di dati, ovvero un insieme di archivi a disposizione di più utenti e/o applicazioni. Per database, quindi, s'intende l'insieme di

4

dati opportunamente strutturati e collegati tra loro secondo un particolare modello logico, che interessa un numero anche rilevante di applicazioni del sistema informativo di una determinata organizzazione. Il DBMS è quindi l'insieme dei programmi preposti alla gestione e all'organizzazione dei dati sia a livello logico (strutturazione dati) che fisico (memorizzazione su supporto fisico) di un database. Tale sistema è costituito da una serie di componenti autonomi con compiti specifici interfacciabili e programmabili dall'utente preposto, che fondamentalmente si possono raggruppare nei seguenti linguaggi in base alle loro funzioni:

- Data Definition/Description Language (DDL): un linguaggio per la definizione delle strutture del DB e la descrizione dei dati;
- Data Manipulation Language (DML): un linguaggio per la manipolazione dei dati;
- Data Storage Description Language (DSDL): un linguaggio per la descrizione delle modalità di memorizzazione;
- Data Control Language (DCL): un linguaggio di controllo dei dati per la gestione dei permessi di accesso e dei vincoli di integrità;
- Query Language (QL): un linguaggio di interrogazione interattiva.

In ultimo, nell'organizzazione dei DB, è utile e necessario indicizzare i dati organizzandoli secondo la struttura prestabilita e ordinandoli di conseguenza, verificare la coerenza dei dati in modo che alla modifica di un dato vengano aggiornati (o eventualmente cancellati) automaticamente tutti i dati dipendenti da esso, normalizzare il database verificando che non ci siano inutili duplicazioni di dati o permettendo di eliminarle senza perdita sostanziale di informazione. Conseguentemente un DBMS contiene non solo i dati legati alle informazioni necessarie all'utente, ma anche archivi di supporto quali archivi per la descrizione delle caratteristiche dei database creati, archivi contenenti le autorizzazioni, ovvero le informazioni dei vari utenti riguardo ai loro permessi di accesso ai vari dati, e gli archivi per gli accessi concorrenti per la gestione del traffico di più richieste operanti contemporaneamente sui medesimi dati.

Gli utenti e i software interagiscono con un database per mezzo del DML o dei QL, mentre il gestore del database (DBA) dispone di strumenti per descrivere il modo in cui i dati sono logicamente organizzati e come debbano essere acceduti dall'esterno e, infine, come debbano essere fisicamente memorizzati nel database, tra questi strumenti, i principali sono i DDL, i DCL e il DSDL. In particolare, i cosiddetti linguaggi di interrogazione dei database (QL) facilitano la comunicazione diretta tra utente e sistema, risultano efficaci nei semplici processi di ricerca delle informazioni e non richiedono conoscenze specifiche del sistema. Talvolta accade che i linguaggi di interrogazione e di manipolazione siano integrati tra loro nell'ambito di sistemi per la gestione dei database. Tra i linguaggi di interrogazione più diffusi vi è il linguaggio SQL (Structured Query Language) il quale opera sui dati di un database tramite frasi che non fanno uso di simboli matematici e algebrici, ma solo di parole chiave tipiche del linguaggio corrente.

Caratteristica principale dei DBMS è la condivisione dei dati tra le diverse unità organizzative di un'azienda e l'integrazione dei dati (collegamento tra dati contenuti in diversi archivi). Infine, la progettazione e l'implementazione degli stessi si basa sulla teoria dei database relazionali (che individuano le entità rappresentanti un aspetto della realtà che si vuole modellizzare e le relative relazioni esistenti tra le varie entità). I database relazionali sono particolari strutture di una banca dati in cui i dati sono disposti in modo bidimensionale (similmente alle tabelle di un foglio di calcolo), dove in ogni riga vi è una struttura dati di tipo record e in ogni colonna sono presenti i campi (*field*) del record definiti per quella tabella. Tramite i vari linguaggi di interrogazione è possibile ottenere qualsiasi tipo di informazione contenuta nella banca dati, anche mettendo in collegamento la tabella principale con una o più tabelle collegate attraverso campi comuni (chiavi esterne). Gli elementi costitutivi di un DB relazionale, partendo dal più piccolo, sono quindi:

- Campi;
- Record;
- Tabelle;
- File.

Un campo è l'unità base di un Database, in quanto contiene un'unità di informazione del record che verrà memorizzato ed è identificato da un nome e definito da un tipo: quando si crea una tabella è necessario includere un campo per ogni categoria di dati cui si è interessati. Il record è la struttura dati costituita da un insieme di campi elementari che riportano informazioni riferite ad un singolo soggetto e la tabella è un elenco che visualizza più record contemporaneamente. In ultimo, i file sono gli oggetti fisici su cui realmente viene memorizzato il DB su file system.

Per completezza, è necessario ricordare che esistono almeno cinque fondamentali strutture astratte per la rappresentazione dei dati in un archivio, le principali sono:

- struttura relazionale: trattata in questo paragrafo, non vengono definiti a priori dei legami tra i dati, ma per ogni tabella costituente l'archivio è possibile creare delle relazioni con altre tabelle, caratterizzate dall'indipendenza dei dati e dalla semplicità di accesso e di manipolazione rispetto alle altre strutture, permettendo una navigazione dinamica e non prestrutturata;

- struttura gerarchica: organizzata secondo uno schema ad albero, costituito da tanti nodi (o segmenti) collegati tra loro in maniera gerarchica (con padri e figli), ciascuno dei quali contiene un'informazione, caratterizzati da una struttura rigida fissata in fase di progettazione;

- struttura reticolare: organizzata secondo uno schema basato sui grafi, escludendo qualsiasi tipo di gerarchia e collegando i dati in maniera libera;

- struttura ad oggetti: basata sugli stessi concetti della programmazione ad oggetti, utili per organizzare dati multimediali. Alcuni DB ad oggetti sono stati impiegati nei settori CAD (Computer Aided Design) e CASE (Computer Aided Software Engineering);

- struttura semantica: rappresentabile con un grafo relazionale, caratterizzato da vertici, che rappresentano concetti, e archi, che rappresentano relazioni semantiche tra i concetti secondo una predefinita ontologia.

Un Database, come ogni archivio, deve essere progettato. Premessa l'analisi dei requisiti dello scenario o dell'applicativo relativamente al quale si vuole implementare un archivio per la memorizzazione di dati ed informazioni, le fasi di progettazione sono tre:

- progettazione concettuale;
- progettazione logica;
- progettazione fisica.

1.1. Progettazione Concettuale

La "progettazione concettuale" è la prima fase di costruzione di un database, il cui scopo è quello di individuare la struttura dei dati da archiviare e le relazioni tra loro esistenti e prevede la costruzione di diagrammi Entità-Relazioni, costituiti da quattro elementi principali:

- entità: oggetto concettuale che individua un elemento auto-consistente di un'applicazione in questione e che può essere individuato e distinto dagli altri;
- attributi: insieme di valori che caratterizzano un'entità;
- attributi chiave: insieme degli attributi sufficienti ad identificare univocamente un'entità;
- relazioni: associazioni di interesse informativo tra le entità rappresentate.

Ipotizzando di progettare il DB di una Università, le entità che parteciperanno saranno almeno le seguenti:

- l'entità professore (almeno uno, fino ad un massimo di N);
- l'entità discente (almeno uno, si spera, fino ad un massimo di M);
- l'entità corso (almeno uno, fino ad un massimo di Z);
- l'entità esami.

Ogni entità avrà degli attributi, ad esempio le entità professore e discente presenteranno gli attributi nome, cognome, ecc. Ogni entità avrà almeno un attributo che identifichi univocamente un record nelle tabelle: per le entità appena citate il codice fiscale identificherà univocamente la persona di che trattasi. Un entità è rappresentata graficamente con un rettangolo e gli attributi con delle ellissi ad essa collegati (l'attributo chiave viene sottolineato solitamente per distinguerlo dagli altri). In ultimo verranno evidenziate le relazioni intercorrenti ad esempio tra un corso ed il professore che lo tiene, o tra un esame e il discente che lo ha sostenuto, per quale corso e con quale professore. Solitamente le relazioni implicano delle azioni: ad esempio il professore tiene il corso e il discente segue il corso e sono indicate con dei rombi. Se si considera un sottoinsieme delle entità individuate è possibile nella figura seguente osservare una bozza di progettazione. È importante notare che essendo la notazione grafica molto intuitiva diventa anche un ottimo strumento per interfacciarsi e dialogare con il cliente finale, che mantiene il "polso" della situazione sentendosi contemporaneamente coinvolto al pari di un diagramma UML di tipo use-case.

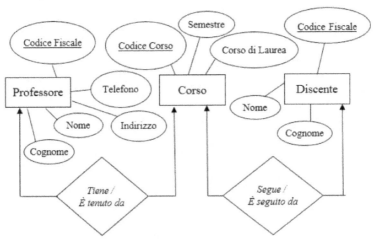

Figura 1. Esempio di schema Entità – Relazioni.

1.2. Progettazione Logica

La "progettazione logica" è la seconda fase della costruzione di una base di dati, in cui lo schema ER, precedentemente costruito, viene trasformato nello schema logico relazionale, ovvero in tabelle che successivamente saranno implementate. In particolare, ad ogni entità corrisponde una tabelle i cui campi sono gli attributi dell'entità che rappresenta. Riprendendo l'esempio sopra schematizzato.

Codice Fiscale	Cognome	Nome	Indirizzo	Telefono

Tabella 1. Tabella dell'entità Professore.

Codice Fiscale	Cognome	Nome

Tabella 2. Tabella dell'entità Discente.

Codice Corso	Semestre	Corso di Laurea

Tabella 3. Tabella dell'entità Corso.

La progettazione di una base di dati, che consiste di diversi passi (dall'analisi dei requisiti alla progettazione concettuale, alla progettazione logica e a quella fisica), presenta anche la possibilità di raffinamento ed ottimizzazione dello schema logico generato e solitamente può portare anche a ricicli successivi in base a cambiamenti contestuali dei dati e delle informazioni presenti nel DB. Per raffinare il progetto di una base di dati si valuta fondamentalmente la possibilità di "normalizzare" la base dati, quale tecnica di riorganizzazione e verifica dei risultati della progettazione che porta alla definizione dei dati in maniera omogenea in tabelle correlate con legami efficienti, eliminando ridondanze, inconsistenze e anomalie in aggiornamento. La "normalizzazione" prevede tre forme "normali":

- prima forma normale;
- seconda forma normale;
- terza forma normale.

Una base dati è in "prima forma normale" se, e solo se, non presenta attributi multipli ed esiste una chiave primaria (singola o costituita da un insieme di attributi, che identifichi in modo univoco ogni record della base dati). Si consideri la tabella di seguito riportata (la chiave primaria, secondo la convenzione adottata, è stata sottolineata). Nella tabella è presente un codice articolo (che identifica un articolo o un prodotto) e i negozi in cui è stato distribuito tale articolo (identificati da N1, N2, N3, N4, N5).

Codice Articolo	Negozi Acquirenti
1	N1 N2 N3 N4 N5
2	N1 N2 N3

Tabella 4. Esempio di tabella non in prima forma normale.

La tabella non risulta essere in prima forma normale, ha una chiave univoca, ma presenta attributi multipli per il campo "Negozi Acquirenti". Occorre normalizzare la tabella, il risultato è indicato di seguito.

Codice Articolo	Negozio acquirente
1	N1
1	N2
1	N3
1	N4
1	N5
2	N1
2	N2
2	N3

Tabella 5. Esempio di tabella in prima forma normale.

È da notare che adesso la chiave è costituita da due valori: codice articolo e negozio acquirente. Se venisse richiesto di aggiornare o di inserire un altro negozio che acquisti l'articolo con codice 1 nel primo caso si dovrebbe modificare il campo con tutti i negozi aggiungendone un altro e salvando nuovamente il record, nel secondo caso è sufficiente aggiungere una riga. Se un negozio dovesse chiudere, nel primo caso sarebbe necessario analizzare tutte le righe della tabella per vedere dove è presente il negozio e modificare e salvare nuovamente tutti i record; nel secondo caso è sufficiente selezionare e cancellare le righe in cui è presente il negozio da cancellare. Si deduce che lo scopo principale della normalizzazione è la semplificazione e l'ottimizzazione della base dati.

Una base dati è in "seconda forma normale" quando è in prima forma normale e tutti i campi non chiave dipendono funzionalmente dall'intera chiave composta e non da una parte di essa: la seconda forma normale elimina la dipendenza parziale degli attributi dalla chiave. Se la chiave è costituita da un solo campo, la relazione è automaticamente in seconda forma normale. Quindi questa regola riguarda il caso di relazioni con chiavi composte, ovvero formate da più attributi. Si consideri la seguente tabella.

Codice	Magazzino	Quantità	Indirizzo
1	3	12	Via 1
1	4	43	Via 2

Tabella 6. Esempio di tabella non in seconda forma normale.

In questa situazione la chiave è composta, in quanto il solo codice non basta per identificare la merce che può essere presente in magazzini diversi, ma è possibile notare come la quantità dipenda dalla chiave composta, mentre l'indirizzo del magazzino dipenda solo dalla chiave Magazzino. Per portare la tabella in seconda forma normale, è necessario creare una seconda tabella legata solo al magazzino, a cui si possono aggiungere altri attributi propri dell'entità magazzino.

Codice	Magazzino	Quantità
1	3	12
1	4	43

Magazzino	Indirizzo
3	Via 1
4	Via 2

Tabella 7. Esempio di tabella in seconda forma normale.

In tal caso il campo Indirizzo viene eliminato dalla relazione di partenza e viene creata una nuova relazione con chiave Magazzino e i dati ad esso relativi (ad esempio indirizzo, ma anche città, provincia, mq, ecc.).

Una base dati si dice in "terza forma normale" quando è in seconda forma normale e tutti gli attributi non-chiave dipendono soltanto dalla chiave, ossia non esistono attributi che dipendono da altri attributi non-chiave. Quindi questa regola riguarda il caso di relazioni con chiavi singole o composte, in cui si cerca di eliminare le dipendenze degli attributi del record da altri attributi non chiave. Si consideri la seguente tabella, in cui è presente il campo chiave matricola (dell'impiegato), il reparto in cui lavora e il responsabile del reparto.

Matricola	Cognome	Reparto	Capo Reparto
1	Rossi	Produzione	Blu
2	Bianchi	Produzione	Blu

Tabella 8. Esempio di tabella non in terza forma normale.

In tal caso il campo Capo Reparto dipende funzionalmente dal campo Reparto che è un campo non-chiave: la soluzione è quella di scomporre in due relazioni eliminando il legame di dipendenza fra attributi che non sono chiavi primarie. Di seguito si riporta la soluzione.

Matricola	Cognome	Reparto
1	Rossi	Produzione
2	Bianchi	Produzione
3	Pippo	Produzione
4	Pluto	Vendite
5	Paperino	Vendite

Reparto	Capo Reparto
Produzione	Blu
Vendite	Giallo

Tabella 9. Esempio di tabella in terza forma normale.

In alcune situazioni è possibile comunque e consapevolmente "denormalizzare" la base dati aggiungendo dei campi che potrebbero risultare ridondanti, ma che in alcuni contesti risultano invece necessari sia per la difficoltà nel definire query appropriate sia per velocizzare le interrogazione al DB, migliorando il complesso delle prestazioni.

1.3. Linguaggio SQL

Si considera di seguito qualche comando SQL per la gestione dei DB. Quando si lavora con i DDL i comandi principali (semplificati) sono di seguito indicati:

- creazione di un database:

```
CREATE DATABASE <NomeDB>
```

- creazione di una tabella:

```
CREATE TABLE <NomeTabella> (
    <NomeCampo1> <Tipo1> [NOT NULL],
    <NomeCampo2> <Tipo2> [NOT NULL],
    ...
    <NomeCampoN> <TipoN> [NOT NULL],
```

```
);
```

- modifica di una tabella (con aggiunta di un campo):

```
ALTER TABLE <NomeTabella>
    ADD <NomeCampo1> <Tipo1> [NOT NULL];
```

- cancellazione di una tabella:

```
DROP TABLE <NomeTabella>;
```

Quando si lavora con i QL alcuni comandi principali (semplificati) sono di seguito indicati:

```
SELECT [DISTINCT]
<Campo1> [AS "alias1"],
<Campo2> [AS "alias2"],
   ...
<CampoN> [AS "aliasN"]
FROM <Tabella1>, <Tabella2>, ... <TabellaN>
[WHERE <Condizione>]
```

Dove l'opzione DISTINCT permette di ottenere solo record differenti tra loro, i valori <Campo> rappresentano i campi da estrarre, i valori <Tabella> rappresentano le tabelle in cui sono contenuti i campi da estrarre e l'opzione "alias" permette di assegnare al campo un nome diverso in fase di selezione, in ultimo i valori <Condizione> individuano le condizioni da essere soddisfatte nella ricerca. Ad esempio, riprendendo la tabella 9, la query:

```
SELECT * FROM tabella_dipendenti
```

Estrae tutti i record della tabella, mentre:

```
SELECT Cognome FROM tabella_dipendenti
```

Estrae tutti i valori contenuti nel campo cognome della tabella. In ultimo:

```
SELECT Cognome FROM tabella_dipendenti
WHERE reparto='vendite'
```

Estrae tutti i cognomi contenuti in tabella ed appartenenti al reparto vendite.

Infine, quando si lavora con i DML alcuni comandi principali (semplificati) sono di seguito indicati:

- inserimento dati in tabella:

```
INSERT INTO <NomeTabella>
    [(<Campo1>, <Campo2>, ... <CampoN>)]
VALUES
    (<Valore1>, <Valore2>, ... <ValoreN>);
```

Dove <NomeTabella> rappresenta il nome della tabella in cui inserire i dati, <Campo> rappresenta la lista dei campi della tabella in cui inserire i valori specificati di seguito e <Valore> rappresenta la lista dei valori da inserire nei rispettivi campi.

- modifica dati in tabella:

```
UPDATE
    <NomeTabella>
SET
    <Campo1> = <Valore1>,
    <Campo2> = <Valore2>,
    ...
    <CampoN> = <ValoreN>
[WHERE <Condizione>];
```

Dove <NomeTabella> rappresenta il nome della tabella in cui modificare i dati, <Campo> rappresenta la lista dei campi della tabella in cui modificare i dati esistenti con i valori seguenti e <Valore> rappresenta la lista dei valori da sostituire a quelli dei rispettivi campi. Inoltre, se non viene specificata alcuna condizione WHERE, il valore inserito viene sostituito ai valori di ogni campo.

- cancellazione dati in tabella:

```
DELETE FROM <NomeTabella>
[WHERE <Condizione>];
```

Dove <NomeTabella> rappresenta il nome della tabella dalla quale verranno eliminati i dati e <Condizione> rappresenta la condizione che deve essere soddisfatta dai campi che verranno eliminati. Inoltre, se non viene specificata alcuna condizione WHERE, viene eliminato il valore di ogni campo.

Le tabelle possono essere collegate tra loro per mezzo di campi che fanno riferimento ad un'altra tabella del DB: queste vengono indicate con il nome di chiavi esterne o *foreign key*. Si consideri sempre la tabella 9: la tabella *tabella_dipendenti* ha un riferimento alla chiave primaria della tabella reparto, stessa cosa per la tabella 7. Questi collegamenti possono essere sottoposti a vincoli di integrità referenziale, che permettono aggiornamenti a cascata o vincoli sulla cancellazione con lo scopo di mantenere inalterata la consistenza del DB.

1.4. Progettazione Fisica

La "progettazione fisica" è l'ultima fase della progettazione. Infatti le prime due fasi (logica e concettuale) prescindono dalla presenza o meno di una concreta struttura fisica. Occorre quindi scegliere un DBMS che implementi il modello dei dati dello schema logico, con le relative strutture di memorizzazione delle tabelle e delle strutture ausiliarie di accesso ai dati (indici), occorre tradurre lo schema logico dei dati in uno schema fisico dei dati contenente le definizioni delle tabelle, dei relativi vincoli di integrità e delle viste espresse in SQL, in ultimo occorre implementare le relative transazioni in SQL. Terminata questa fase, la base di dati è stata completamente progettata. Si passa successivamente alla sua realizzazione e all'implementazione delle applicazioni della base di dati. Le applicazioni, scritte in linguaggi di programmazione ad alto livello (quali Java), possono riutilizzare il codice SQL scritto per le transazioni. Segue spesso una fase di ottimizzazione in cui le prestazione del DBMS sulla specifica base di dati vengono valutate e sono possibili delle variazioni sui parametri decisi durante la progettazione fisica (aggiungendo di un nuovo indice o implementando una nuova tabella o ancora aggiungendo o modificando un campo). In ultimo, quando si illustrano le basi di dati è necessario anche comprendere come vengano effettuate le transazioni (operazioni portate a termine su una base dati), in quanto è necessario che non ci siano conflitti tra transazioni o aggiornamenti paralleli o sovrascritture (si considerino le operazioni in banca). Caratteristica fondamentale delle transazioni è che vengano eseguite tutte le operazioni relative - *commit* (aggiornamenti, inserimenti o cancellazioni) o nessuna - *rollback* (il sistema si riporta allo stato iniziale pre-transazione). Le proprietà fondamentali di una transazione sono indicate dall'acronimo ACID e sono:

- atomicità: una transazione deve essere eseguita completamente (o non viene eseguita), tramite un'operazione singola, indivisibile ed istantanea;
- consistenza: le transizioni non violano le invarianti del sistema: se, ad esempio, in una banca si trasferisce una somma da un conto ad un altro l'invariante è rappresentata dalla conservazione del denaro;
- isolamento: le transazioni concorrenti non interferiscono tra loro, ovvero sono serializzabili secondo un ordine impostato dal sistema;
- durabilità: le transazioni sono permanenti dopo il commit; nessun evento successivo alla transizione potrà portare ad una perdita di dati.

2.   Esercitazioni con SQL

Di seguito si effettuano dei pratici esempi di interrogazione di un DataBase. Si consideri che in tutti i campi lavorativi si affrontano sempre problematiche di interrogazione a DB (dai sistemi di gestione delle banche agli strumenti di accesso agli ERP), risulta quindi utile affiancare la teoria ad esempi concreti.

Si riempiano in maniera coerente le tabelle esposte nel paragrafo 6.3 (con qualche leggera variazione), come, ad esempio, di seguito (da notare che le entità hanno un numero di campi ridotti rispetto a quelli che effettivamente potrebbero o dovrebbero avere per ottenere i risultati desiderati, la riduzione ha chiaramente un mero scopo didattico: applicativamente in fase di progettazione dovrebbero venire indicati e riportati tutti i campi necessari all'archivio). Come ultima semplificazione, l'indirizzo è stato impropriamente considerato un comune, nella pratica (come è possibile notare da tutti i form presenti su internet), viene richiesta la provincia poi il comune e, in ultimo, via e civico, con la possibilità di scegliere su una lista preformattata e compilata (niente input testuali). Questo perché i valori sono sempre codificati con dei codici cui corrispondono le relative descrizioni.

Codice Fiscale	Cognome	Nome	Indirizzo	Telefono
MNLSRA85A49H501B	MANELLI	SARA	TARANTO	06000
MNLLCN80A01L049R	MANELLI	LUCIANO	TARANTO	099999

Tabella 10. Tabella dell'entità Professore valorizzata.

Codice Fiscale	Cognome	Nome	Indirizzo
VRDGPP95A09A662C	VERDI	GIUSEPPE	TARANTO
BNCLRD95A09F205H	BIANCO	ALFREDO	TARANTO
RSSPLA95A09L049M	ROSSI	PAOLO	MILANO

Tabella 11. Tabella dell'entità Discente valorizzata.

Codice Corso	Semestre	Corso di Laurea
1000	1	Economia
2000	2	Ingegneria

Tabella 12. Tabella dell'entità Corso valorizzata.

Codice Fiscale Professore	Codice_Corso
MNLLCN80A01L049R	2000
MNLSRA85A49H501B	1000

Tabella 13. Tabella dell'entità Corso_Professore.

Codice Fiscale_Discente	Codice_Corso
RSSPLA95A09L049M	2000
BNCLRD95A09F205H	2000
VRDGPP95A09A662C	1000

Tabella 14. Tabella dell'entità Corso_Discente

Di seguito alcuni esempi con i relativi risultati.
Selezionare tutti i discenti:

SELECT * FROM DISCENTE

Risultato:

Codice Fiscale	Cognome	Nome	Indirizzo
VRDGPP95A09A662C	VERDI	GIUSEPPE	TARANTO
BNCLRD95A09F205H	BIANCO	ALFREDO	TARANTO
RSSPLA95A09L049M	ROSSI	PAOLO	MILANO

Tabella 15. Risultato select.

Selezionare solo il codice fiscale di tutti i discenti:

SELECT CODICEFISCALE FROM DISCENTE

Risultato:

Codice Fiscale
VRDGPP95A09A662C
BNCLRD95A09F205H
RSSPLA95A09L049M

Tabella 16. Risultato select.

Selezionare tutti i discenti che vivono a TARANTO:

SELECT * FROM DISCENTE WHERE INDIRIZZO='TARANTO'

Risultato:

Codice Fiscale	Cognome	Nome	Indirizzo
VRDGPP95A09A662C	VERDI	GIUSEPPE	TARANTO
BNCLRD95A09F205H	BIANCO	ALFREDO	TARANTO

Tabella 17. Risultato select.

Selezionare il codice corrispondente al corso di economia:

SELECT CODICECORSO FROM CORSO WHERE CORSO_DI_LAUREA='Economia'

Risultato:

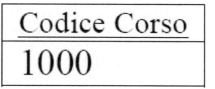

Codice Corso
1000

Tabella 18. Risultato select.

Selezionare il codice fiscale del professore corrispondente al codice corso 1000 (si supponga un codice numerico):

SELECT CODICEFISCALEPROFESSORE FROM CORSO_PROFESSORE WHERE CODICE_CORSO = 1000

Risultato:

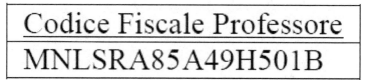

Codice Fiscale Professore
MNLSRA85A49H501B

Tabella 19. Risultato select.

Selezionare nome e cognome del professore che ha codice fiscale del corrispondente a MNLSRA85A49H501B:

SELECT COGNOME, NOME FROM PROFESSORE WHERE CODICEFISCALE = 'MNLSRA85A49H501B'

Risultato:

Cognome	Nome
MANELLI	SARA

Tabella 20. Risultato select

Di seguito sono combinate le precedenti query per ottenere in maniera molto semplice una *JOIN* ovvero una query risultato di un'interrogazione di più di una tabella.

Selezionare nome e cognome del professore corrispondente al corso di economia:

```
SELECT COGNOME, NOME FROM PROFESSORE WHERE CODICEFISCALE =
(SELECT CODICEFISCALEPROFESSORE FROM CORSO_PROFESSORE WHERE
CODICE_CORSO = (SELECT CODICECORSO FROM CORSO WHERE
CORSO_DI_LAUREA='Economia' ))
```

Il risultato è come quello precedentemente indicato, e si suppone sia presente un solo corso per un solo professore (in caso di professore multiplo sarebbe sufficiente sostituire il primo segno uguale con la keyword IN, la quale indica di cercare in un insieme di valori). Esteticamente non è piacevole (chiaramente ci sono forme più eleganti, funzionali e performanti per indicare tale query, ma vanno oltre lo scopo del presente testo), ma praticamente individua la potenzialità delle query di poter interrogare tabelle multiple a cascata.

Parimenti può essere usato il comando JOIN, che semplifica la lettura unendo due query:

```
SELECT CODICEFISCALEPROFESSORE FROM CORSO_PROFESSORE
JOIN CORSO
ON CORSO_PROFESSORE.CODICE_CORSO =
CORSO .CODICECORSO
WHERE CORSO_DI_LAUREA='Economia'
```

E reinserire la query in quella principale.

3. Esempio di Progettazione concettuale e logica di un DB

Dopo una introduzione generale ai DB è interessante progettare un DB secondo la metodologia esposta in precedenza. L'ipotetico cliente vorrebbe un applicativo per poter salvare e gestire un certo numero di imprese e i relativi dipendenti.

Si parta dalla progettazione ER. L'analisi dei requisiti porta a definire due entità fondamentali: impresa ed impiegato, legate dal fatto che ad un'impresa corrispondano n impiegati e che un impiegato possa essere dipendente da una sola impresa. Una impresa avrà i seguenti campi:

- partita iva o codice fiscale (chiave);
- denominazione dell'impresa;
- numero di telefono;
- mail dell'impresa;
- data di inserimento (quest'ultimo campo sarà a carico del sistema e non inseribile dall'operatore).

L'impiegato avrà invece i seguenti campi:
- codice fiscale (chiave);
- cognome;
- nome;
- matricola;
- data di inserimento (quest'ultimo campo sarà a carico del sistema e non inseribile dall'operatore).

Inoltre sarà necessario prevedere un legame tra la entità impiegato e la entità impresa. Si suppone per semplicità che un impiegato sia dipendente di una sola impresa.

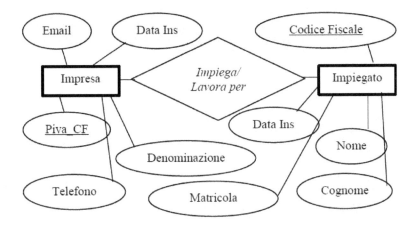

Figura 2. Progettazione ER della Web Application.

Passando alla progettazione logica, è possibile ottenere le seguenti due tabelle.

Piva_CF	Denomi-nazione	Telefono	Email	Data Inserimento
12345678903	Manelli & CO.	0999999999	programmazio-nePer-Web@gmail.com	2015-03-17

Tabella 10. Progettazione logica della Web Application - Impresa.

La relazione tra le due entità è definita dal "lavora per", individuato con un campo in più nella tabella Impiegato (FK_Impresa). Se gli impiegati potessero far parte di diverse aziende, la relazione dovrebbe essere esplicata con una terza tabella n-n che relazioni imprese e impiegati.

CF	Co-gnome	Nome	Matricola	Data Inserimento	FK_Im-presa
MNLLCN80 D03A662T	Ma-nelli	Luciano	123456	2015-03-17	123456789 03

Tabella 11. Progettazione logica della Web Application - Impiegato.

Manca solo la progettazione fisica, legata anche al DBMS scelto (in questo caso MySQL). Sicuramente è possibile definire al momento la dimensione dei campi.

Per l'impresa:

- partita iva o codice fiscale (chiave): 11 o 16 caratteri;
- denominazione dell'impresa: 100 caratteri;
- numero di telefono: 16 caratteri;
- mail dell'impresa: 200 caratteri;
- data di inserimento: data (nella forma gg/mm/aaaa);

Per l'impiegato:

- codice fiscale (chiave): 16 caratteri;
- cognome: 45 caratteri;
- nome: 45 caratteri;
- matricola: intero da 10;
- data di inserimento: data (nella forma gg/mm/aaaa);
- partita iva impresa (chiave esterna): 11 o 16 caratteri.

4.   Introduzione a MySQL 5.7 Community

MySQL (da qualche anno Oracle MySQL) è un database relazionale (RDBMS) professionale, versatile e potente che lavora sia in ambiente Unix-like che Windows, molto utile per la creazione e la gestione di DB in ambienti di sviluppo e di produzione. Fondamentalmente è un software libero e quindi viene molto usato sia come database per siti e applicativi amatoriali (ad esempio Joomla), ma anche per applicativi professionali. Di seguito vengono indicati i passi principali per l'installazione e la configurazione dello stesso e per la creazione delle tabelle della web application che si sta sviluppando.

4.1. Installazione di MySQL

Per installare MySQL è sufficiente andare sul sito di Oracle dedicato: http://www.mysql.it/. E successivamente scaricare il pacchetto principale:

- MySQL   Community   Server (http://dev.mysql.com/downloads/mysql/): il DB open source;

È preferibile scaricare le installazioni per Windows in maniera tale da poter lavorare bene in ambiente di sviluppo sul proprio PC.

Allo stato della scrittura del presente testo è stato scaricato il seguente eseguibile per l'ambiente Windows:

- server: mysql-installer-community-5.7.14.0.msi;

Di seguito si danno indicazioni per l'installazione del server su un sistema Windows 8 (stessa installazione per Windows 7).

Per prima cosa si accetta la licenza.

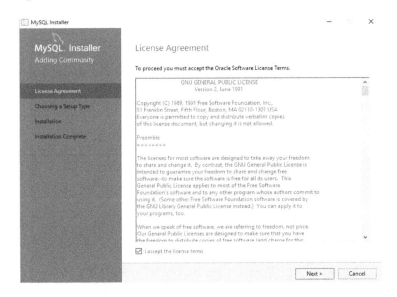

Figura 3 Installazione Server MySQL, licenza.

È sufficiente successivamente seguire i passi indicati nel wizard del software. Si lasci come tipologia di installazione il Developer Default.

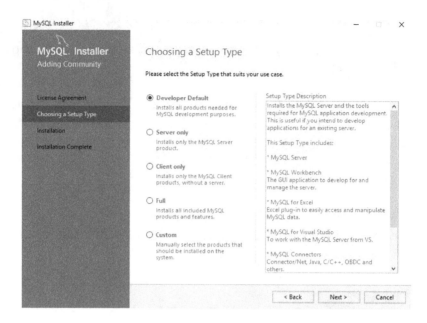

Figura 4 Installazione Server MySQL, tipologia di installazione.

Successivamente partirà l'installazione del server con le varie componenti.

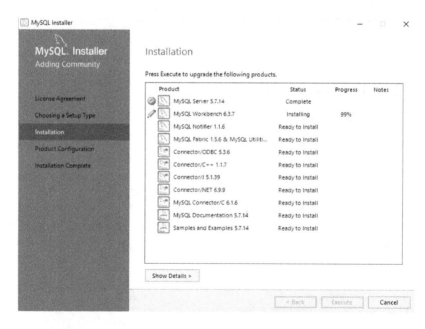

Figura 5. Installazione Server MySQL, installazione componenti.

Fino all'ultimo step.

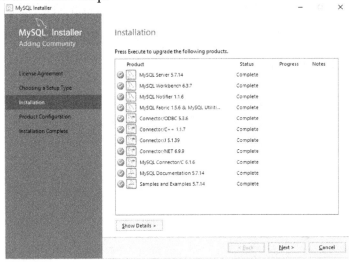

Figura 6. Installazione Server MySQL, installazione completata.

Successivamente vengono configurati alcuni elementi del DB. In primis, il numero della porta (la porta standard 3306 potrebbe già essere occupata da un altro DB).

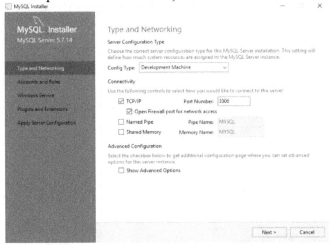

Figura 7. Installazione Server MySQL, configurazione porte.

Viene quindi chiesta la password da amministratore. Nel caso specifico si opta per "root" facile da ricordare (soprattutto in ambiente di sviluppo) anche se, si sottolinea, assolutamente non sicura.

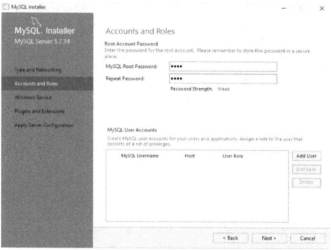

Figura 8. Installazione Server MySQL, configurazione password amministratore.

Viene quindi fornita la possibilità di inserire il server quale servizio windows.

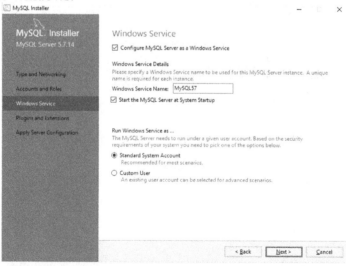

Figura 9. Installazione Server MySQL, configurazione del servizio Windows.

In ultimo vengono applicate le impostazioni relative ai servizi.

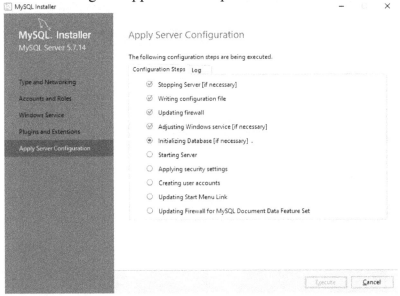

Figura 10. Installazione Server MySQL, impostazione delle configurazioni.

Viene quindi verificata la connessione con il server.

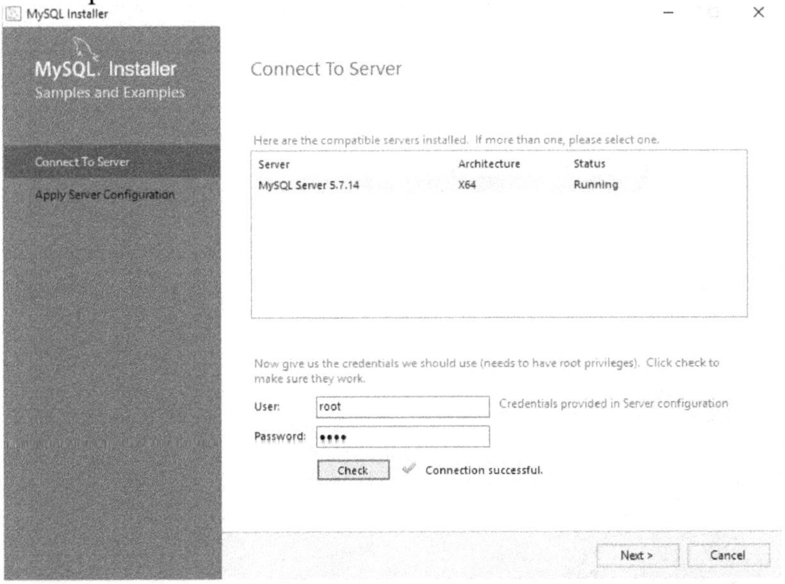

Figura 11. Installazione Server MySQL, verifica della connessione con il server.

Vengono quindi eseguiti gli ultimi passi di installazione, configurazione e testing.

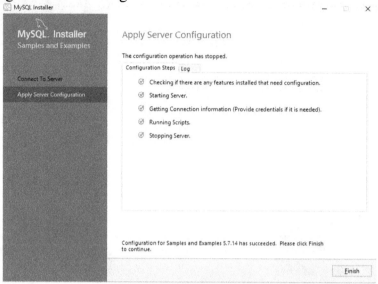

Figura 12. Installazione Server MySQL, installazione.

Fino al termine del processo di installazione.

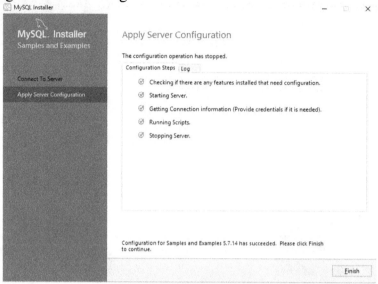

Figura 13. Installazione Server MySQL, fine installazione.

Alla fine vien lanciata il workbench.

Figura 18. Ambiente di lavoro del Workbench.

4.2 DataBase MySQL per l'esempio di Progettazione e relativa progettazione fisica

Al tal punto è possibile creare i data base, con i relativi schemi e tabelle. E' sufficiente connettersi al Server.

Figura 15. Connessione al DB Server tramite workbench.

Successivamente comparirà la schermata che chiederà conferma del server cui connettersi.

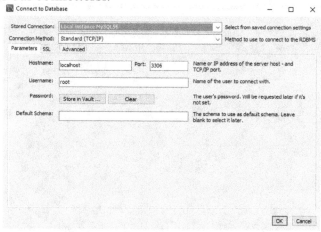

Figura 16. Accesso al DB Server tramite workbench.

Data la conferma, verrà chiesta la password per l'accesso. Nel caso analizzato "root".

Figura 17 Accesso al DB Server tramite workbench, inserimento password.

A questo punto si apre in automatico la finestra dell'applicativo.

Figura 18. Workbench, schermata iniziale.

Per creare un nuovo schema è sufficiente andare nell'area "SCHEMAS" e col tasto destro selezionare "Create Schema…".

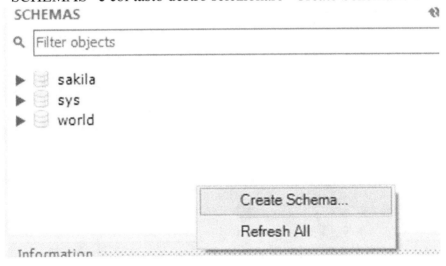

Figura 19. Workbench, creazione nuovo schema DB.

Adesso si crei il DB "gestione_imprese".

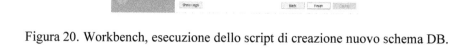

Figura 20. Workbench, esecuzione dello script di creazione nuovo schema DB.

Una volta creato il DB, è necessario creare le tabelle, che, nel caso analizzato sono:
- imprese;
- impiegati.

La progettazione sarà effettuata secondo la progettazione fisica di seguito indicata in forma tabellare e discendente dalla progettazione concettuale e logica effettuata in precedenza.

Tabella Impresa

Nome Campo	Lunghezza	Tipo	Vincoli
piva_cf	16	VARCHAR	Primary Key Not null
denominazione_impresa	100	VARCHAR	Not Null
telefono	16	VARCHAR	
email	200	VARCHAR	
date_ins	-	DATE	Not Null

Tabella Impiegato

Nome Campo	Lunghezza	Tipo	Vincoli
cf	16	VARCHAR	Primary Key Not null
nome	45	VARCHAR	Not Null
cognome	45	VARCHAR	Not Null
matricola	-	INT(10)	Not Null
FK_impresa	16	VARCHAR	Not Null FK piva_cf
date_ins	-	DATE	Not Null

Per creare le tabelle è sufficiente cliccare con il tasto destro del mouse sulle tabelle dello schema "gestione_impresa" e dal menu contestuale selezionare "Create Table...".

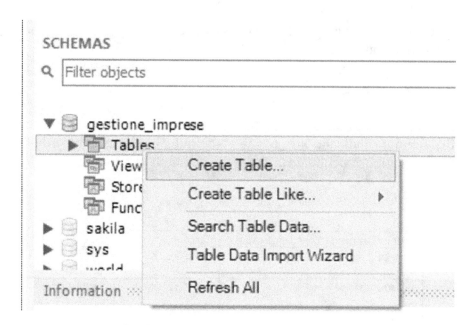

Figura 21. Workbench, creazione di una tabella.

In ultimo è possibile creare i campi, definendo, almeno, qual è il campo chiave (PK) ovvero non nullo (NN). Si crei quindi la tabella "impresa" con campo chiave "piva_cf" o "idimpresa", il campo "denominazione_impresa" e gli altri campi.

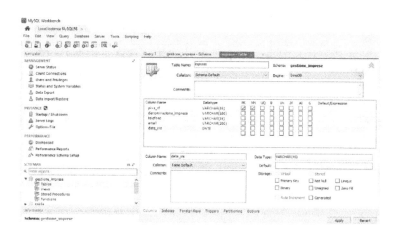

Figura 22. Workbench, gestione tabella e campi.

Viene lanciato lo script di creazione della tabella "impresa" con i relativi campi.

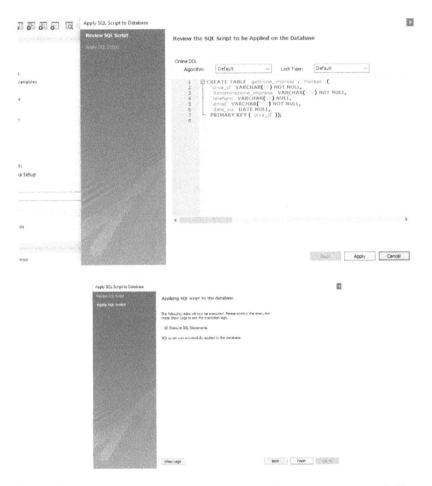

Figura 23. Workbench, esecuzione dello script di creazione nuova tabella e campi.

Una volta creata la tabella è possibile sia modificarla sfruttando l'icona cacciavite dal menu di sinistra in corrispondenza della tabella.

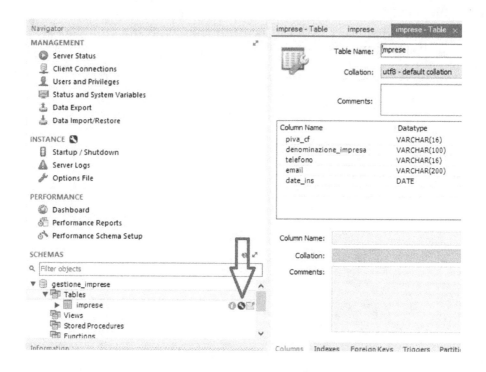

Figura 24. Workbench, icona di modifica tabella.

È possibile anche visualizzare la forma tabellare con i valori contenuti in tabella ed eseguire delle query sulla tabella, cliccando sull'icona a forma di tabella sempre dal menu di sinistra in corrispondenza della tabella.

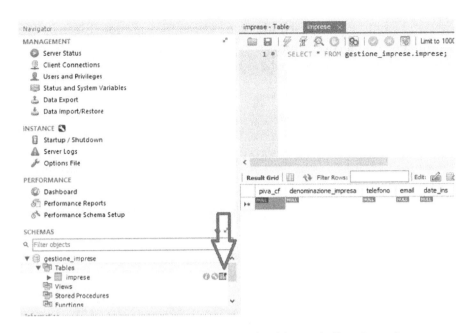

Figura 25. Workbench, icona per la visione tabellare (query).

In ultimo, si crei la tabella "impiegato" definendo tutti i campi preposti nella progettazione concettuale (cf/idImpiegato, nome, cognome, matricola, date_ins e la chiave esterna all'impresa FK_impresa). Si ottiene quindi la tabella di seguito riportata.

Figura 26. Workbench, creazione tabella impiegato.

A tal punto è necessario definire i vincoli e quindi il legame tra l'impiegato e la sua impresa. Si definisca quindi la FK_impresa come chiave esterna, impostandola dalla tab "Foreign Keys".

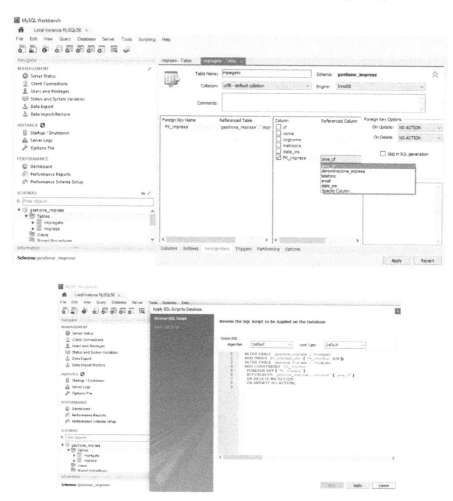

Figura 27. Workbench, creazione legame chiave esterna.

Se si volesse, si potrebbero anche esportare gli script di creazione di schemi o tabelle con una semplice operazione (tasto destro sullo schema o sulla tabella, Copy to Clipboard, Create Statement).

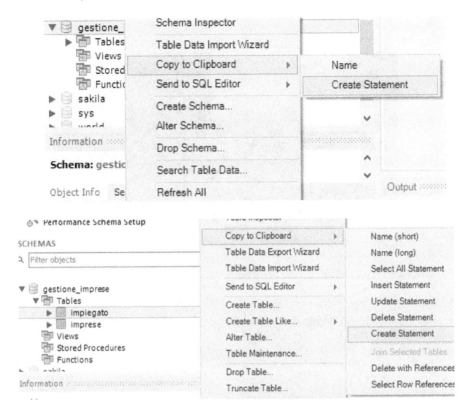

Figura 28. Workbench, esportazione Statement di creazione schema o tabella.

4.3. Schema logico con reverse engineer di MySQL

Un ultima considerazione è da farsi sulla progettazione logica/concettuale. Con il Workbench è possibile sia partire, come appena fatto, dalla definizione delle tabelle a valle della progettazione concettuale e logica, per poi effettuare l'implementazione fisica del DB, oppure partire da zero dallo schema entità-relazioni per poi ottenere le tabelle.

In ultimo, è possibile estrarre lo schema grafico della progettazione logica dagli schemi e dalle tabelle esistenti tramite una modalità di reverse engineer (grafico che può essere inserito in documentazione).

È sufficiente andare in home e, dalla tab "Database", selezionare "Reverse Engineer…".

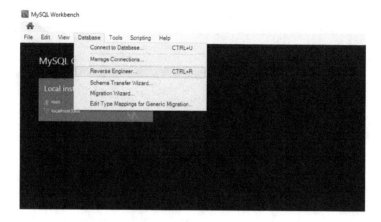

Figura 29. Workbench, reverse engineer.

Successivamente, è sufficiente seguire le istruzioni del wizard.

Figura 30. Workbench, reverse engineer: opzioni di connessione.

Quindi selezionare il DB, inserire user/password, in ultimo, selezionare lo schema.

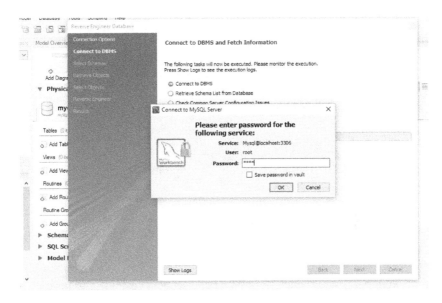

Figura 31. Workbench, reverse engineer: connessione al DB.

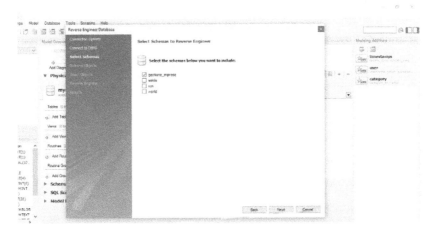

Figura 32. Workbench, reverse engineer: scelta dello schema.

È possibile quindi ottenere lo schema logico di riferimento, da stampare o salvare.

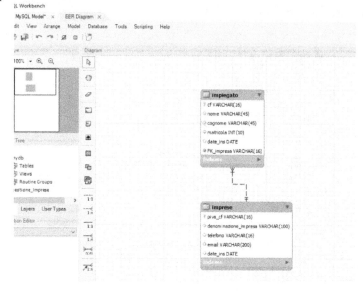

Figura 33. Workbench, schema tabelle schema gestione_imprese.

Il sistema automaticamente inserisce anche gli indici di default (chiavi primarie ed esterne).

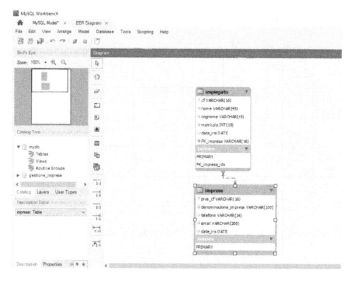

Figura 34. Workbench, schema tabelle schema gestione_imprese con indici.

4.4. Esercitazioni con MySQL

In ultimo si riprendano le esercitazioni con SQL e si ripropongano con mySQL Workbench.

Si inizi con il creare lo schema "campus".

Si generi quindi le tabelle Professore, Discente e Corso.

Figura 35. Creazione tabelle principali delle Entità.

In ultimo si generino le tabelle di relazione: discente_corso e professore_Corso.

Figura 36. Creazione tabelle della Relazione corso_discente.

Per corso_discente si creino quindi i riferimenti alle due entità padre (corso e discente).

Figura 37. Creazione relazioni principali tra la tabella corso_discente.

Stessa cosa per la relazione corso_professore (corso e professore)

Figura 38. Creazione Tabella della relazione corso_professore.

Figura 39. Creazione relazioni principali tra la tabella corso_professore.

Una volta create le tabelle è possibile riempirle con un semplice form fornito da MySQL Workbench (Form Editor, selezionabile dalle tab a destra) o direttamente sulla griglia.

Figura 40. Riempimento tabelle con form inserimento workbench.

Successivamente è necessario cliccare sul tasto Apply per far eseguire la query di inserimento. Ad esempio per i dati della tabella professore, è di seguito riportata la query di inserimento.

Figura 41. Query di inserimento dati in tabella

A tal punto, dopo aver riempito tutte le tabelle, è possibile effettuare le esercitazioni sulle query.

Selezionare i corsi:

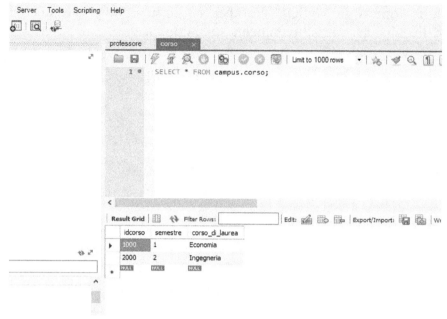

Figura 42. Query 1.

Selezionare i dati della tabella corso_professore:

Figura 43. Query 2.

Selezionare il codice corrispondente al corso di economia:

Figura 44. Query 3.

Selezionare il codice fiscale del professore corrispondente al codice corso 1000 (si supponga un codice numerico):

Figura 45. Query 4.

Selezionare l'elenco dei professori.

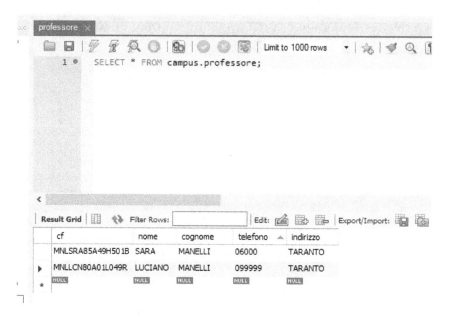

Figura 46. Query 5.

Selezionare nome e cognome del professore che ha codice
fiscale del corrispondente a MNLSRA85A49H501B:

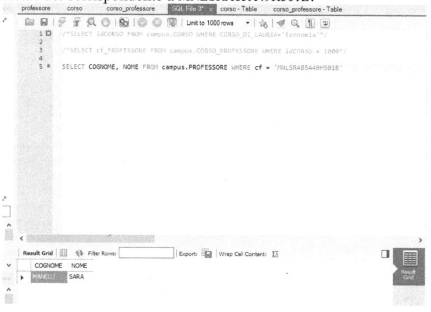

Figura 47. Query 6.

Selezionare nome e cognome del professore corrispondente al corso di economia:

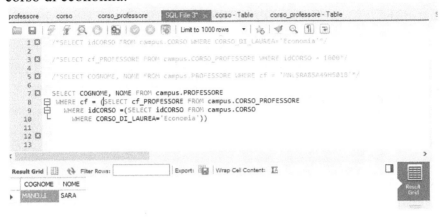

Figura 48. Query 7.

Selezionare nome e cognome del professore corrispondente al corso di economia tramite il comando JOIN:

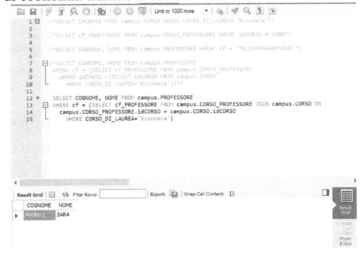

Figura 49. Query 8.

Se entrambi i professori dovessero essere associati al corso di economia, è necessario sostituire il comando "=" con il comando "IN" e la query porterà a due risultati.

Figura 50. Query 9.

5. Bibliografia

- Luciano Manelli, "Fondamenti di Informatica Moderna", Casa Editrice ARACNE, 2014.

- Luciano Manelli, "Programmazione per il Web", Casa Editrice ARACNE, 2015.

5.1. Ulteriori testi di consultazione

- L.Manelli "DASM E CoreASM per l'Analisi di Sistemi Complessi", Aracne Editrice, Maggio 2016

- L.Manelli "Comprendere gli Algoritmi e i diagrammi di flusso passo-passo: esempi con ausili grafici e tabellari, esercizi e codifica in linguaggio C", Createspace/Kindle, 2015 – ultimo Aggiornamento Settembre 2016

- L.Manelli "Fondamenti di Sviluppo e Gestione di un Progetto Software", Createspace/Kindle, 2016.

- L.Manelli "Fondamenti di architetture e servizi: architettura di un PC, Internet, reti, Sistemi Distribuiti e C.A.D.", Createspace/Kindle, 2015.

- L.Manelli "Fondamenti di Sistemi Informativi Aziendali", Createspace/Kindle, 2015.

- L.Manelli "Fondamenti di architetture e servizi distribuiti: Cluster, Grid, Cloud", Createspace/Kindle, 2015.

- L.Manelli "Comprendere i numeri binari: conversioni, numeri negativi, floating point e operazioni", Createspace/Kindle, 2015.